Impressum
Verlag: BABADADA GmbH, Nedderfeld 112 , 22529 Hamburg
Geschäftsführer / Verlagsleitung: Harald Hof
Druck: Books on Demand GmbH, In de Tarpen 42, 22848 Norderstedt

Imprint
Publisher: BABADADA GmbH, Nedderfeld 112 , 22529 Hamburg, Germany
Managing Director / Publishing direction: Harald Hof
Print: Books on Demand GmbH, In de Tarpen 42, 22848 Norderstedt, Germany

škola

xue xiao

učiona
jiao shi

deliti
chu

186/2

ploča
hei ban

školsko dvorište
xiao yuan

nastavnik
lao shi

papir
zhi

pisati
shu xie

hemijska olovka
gang bi

pisaći stol
ban gong zhuo

lenjir
zhi chi

knjiga
shu

učenik
xue sheng

torba

shu bao

pernica

qian bi he

grafitna olovka

qian bi

šiljilo za olovke

juan bi dao

gumica za brisanje

xiang pi ca

blok za crtanje

hua ban

crtež

tu hua

kist

hua bi

kutija sa bojama

yan liao he

makaze

jian dao

lepilo

jiao shui

beležnica

lian xi ce

domaći zadatak

jia ting zuo ye

broj

shu zi

sabirati

jia

oduzimati

jian

množiti

cheng

računati

ji suan

slovo

zi mu

abeceda

zi mu biao

reč

zi

tekst

ke wen

čitati

du

kreda

fen bi

čas

shang ke

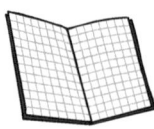

dnevnik

deng ji

ispit

kao shi

svedočanstvo

zheng shu

školska uniforma

xiao fu

obrazovanje

jiao yu

leksikon

bai ke quan shu

univerzitet

da xue

mikroskop

xian wei jing

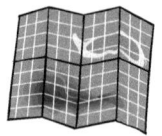

karta

di tu

košara za papir

fei zhi kuang

putovanje
lü xing

hotel
jiu dian
Grand
prenoćište
qing nian lü xing she
menjačnica
wai bi dui huan chu
kofer
shou ti xiang
auto
qi che

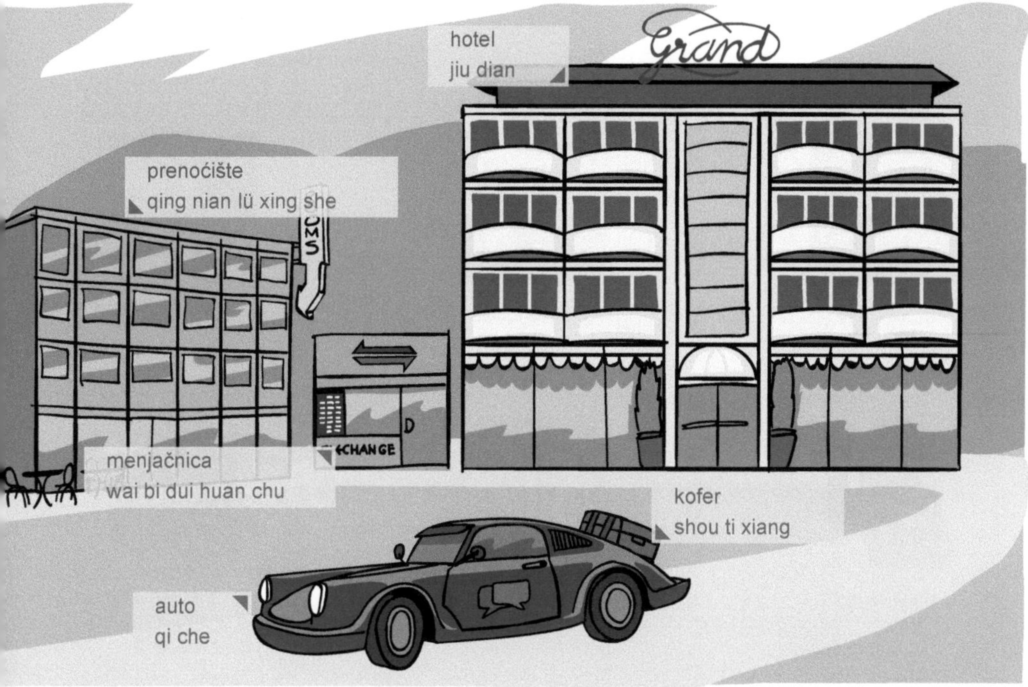

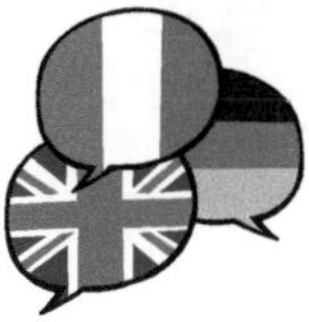

jezik

yu yan

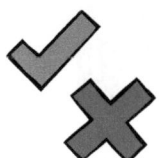

da / ne

shi/fou

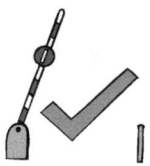

okej

hao de

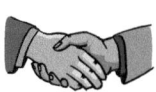

zdravo

nin hao

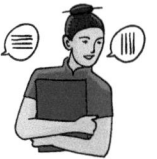

prevodilac

fan yi yuan

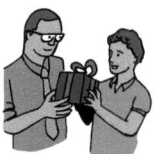

hvala

xie xie

Koliko košta...?

......duo shao qian?

ne razumem

wo bu ming bai

problem

wen ti

dobro veče!

wan shang hao!

Dobro jutro!

zao shang hao!

Laku noć!

wan an!

doviđenja

zai jian

smer

fang xiang

prtljaga

xing li

torba

bao

ruksak

shuang jian bao

gost

ke ren

soba

fang jian

vreća za spavanje

shui dai

šator

zhang peng

turističke informacije

lü you xin xi

plaža

hai tan

kreditna kartica

xin yong ka

doručak

zao can

ručak

wu can

večera

wan can

karta za vožnju

piao

lift

dian ti

poštanska markica

you piao

granica

bian jie

carina

hai guan

ambasada

da shi guan

viza

qian zheng

pasoš

hu zhao

transport
jiao tong yun shu

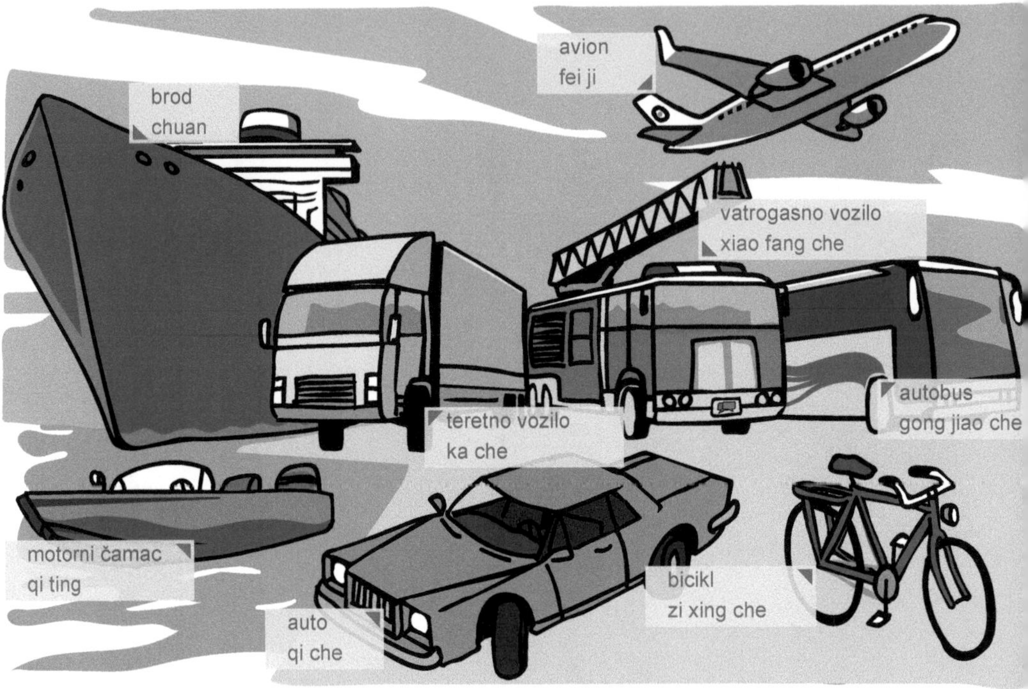

avion
fei ji
brod
chuan
vatrogasno vozilo
xiao fang che
autobus
gong jiao che
teretno vozilo
ka che
motorni čamac
qi ting
bicikl
zi xing che
auto
qi che

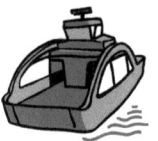

trajekt

bai du chuan

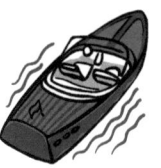

čamac

xiao chuan

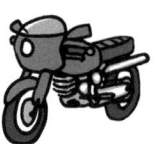

motocikl

mo tuo che

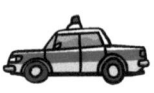

policijski auto

jing che

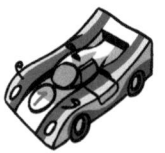

trkaći auto

sai che

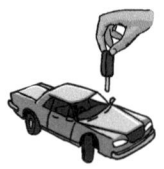

iznajmljeno auto

zu che

delenje automobila

pin che

vučno vozilo

tuo che

vozilo za odvoz smeća

la ji che

motor

fa dong ji

benzin

qi you

benzinska stanica

jia you zhan

saobraćajni znak

jiao tong biao zhi

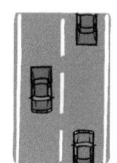

saobraćaj

jiao tong

zastoj

jiao tong du sai

parkiralište

ting che chang

železnička stanica

huo che zhan

šine

gui dao

voz

huo che

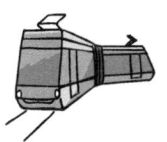

tramvaj

dian che

vagon

huo che

helikopter

zhi sheng ji

aerodrom

ji chang

kula

ta

putnik

cheng ke

kontejner

ji zhuang xiang

karton

zhi ban xiang

kolica

shou tui che

korpa

lan zi

uzleteti / sleteti

qi fei/jiang luo

grad
cheng shi

selo

cun zhuang

centar grada

shi zhong xin

kuća

fang zi

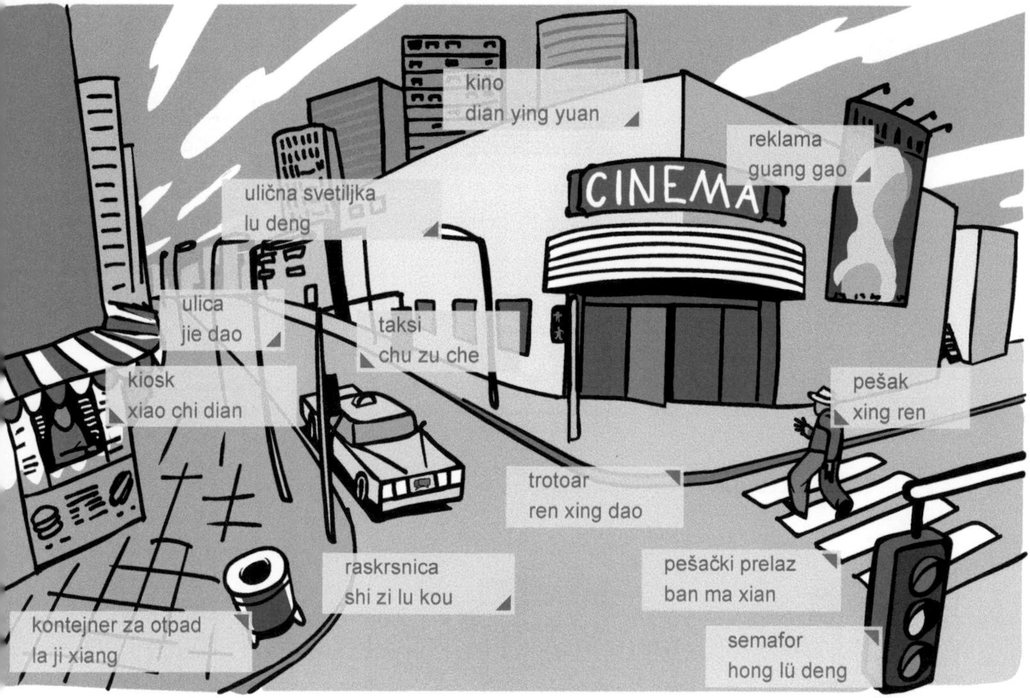

kino
dian ying yuan

reklama
guang gao

ulična svetiljka
lu deng

CINEMA

ulica
jie dao

taksi
chu zu che

pešak
xing ren

kiosk
xiao chi dian

trotoar
ren xing dao

raskrsnica
shi zi lu kou

pešački prelaz
ban ma xian

kontejner za otpad
la ji xiang

semafor
hong lü deng

koliba

xiao wu

stan

gong yu

železnička stanica

huo che zhan

većnica

shi zheng ting

muzej

bo wu guan

škola

xue xiao

univerzitet

da xue

banka

yin hang

bolnica

yi yuan

hotel

jiu dian

apoteka

yao fang

kancelarija

ban gong shi

knjižara

shu dian

prodavnica

shang dian

cvećara

hua dian

supermarket

chao shi

trg

shi chang

robna kuća

bai huo shang dian

ribarnica

yu dian

trgovački centar

gou wu zhong xin

luka

hai gang

park

gong yuan

klupa

chang deng

most

qiao

stepenice

lou ti

podzemna železnica

di tie

tunel

sui dao

autobuska stanica

gong jiao che zhan

bar

jiu ba

restoran

can guan

poštansko sanduče

you tong

ulični znak

lu biao

parkirni automat

ting che ji shi qi

zoološki vrt

dong wu yuan

bazen

you yong guan

džamija

qing zhen si

seosko gazdinstvo
nong chang

zagađenje okoline
wu ran

groblje
mu di

crkva
jiao tang

igralište
cao chang

hram
si miao

pejsaž
di xing

list
shu ye

putokaz
zhi shi pai

put
lu

livada
cao di

kamen
shi tou

drvo
shu

šetač
tu bu lü xing zhe

reka
he

trava
cao

cvijet
hua

dolina

xia gu

planina

shan

jezero

hu

šuma

sen lin

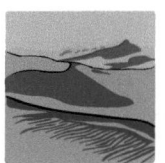

pustinja

sha mo

vulkan

huo shan

dvorac

cheng bao

duga

cai hong

gljiva

mo gu

palma

zong lü shu

moskito

wen zi

muva

cang ying

mrav

ma yi

pčela

mi feng

pauk

zhi zhu

buba

jia chong

žaba

qing wa

veverica

song shu

jež

ci wei

zec

ye tu

sova

mao tou ying

ptica

niao

labud

tian e

divlja svinja

ye zhu

jelen

lu

los

mi lu

nasip

shui ba

vetrenjača

feng li fa dian ji

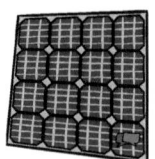

solarna ploča

tai yang neng dian chi ban

klima

qi hou

restoran
can guan

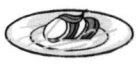

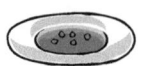

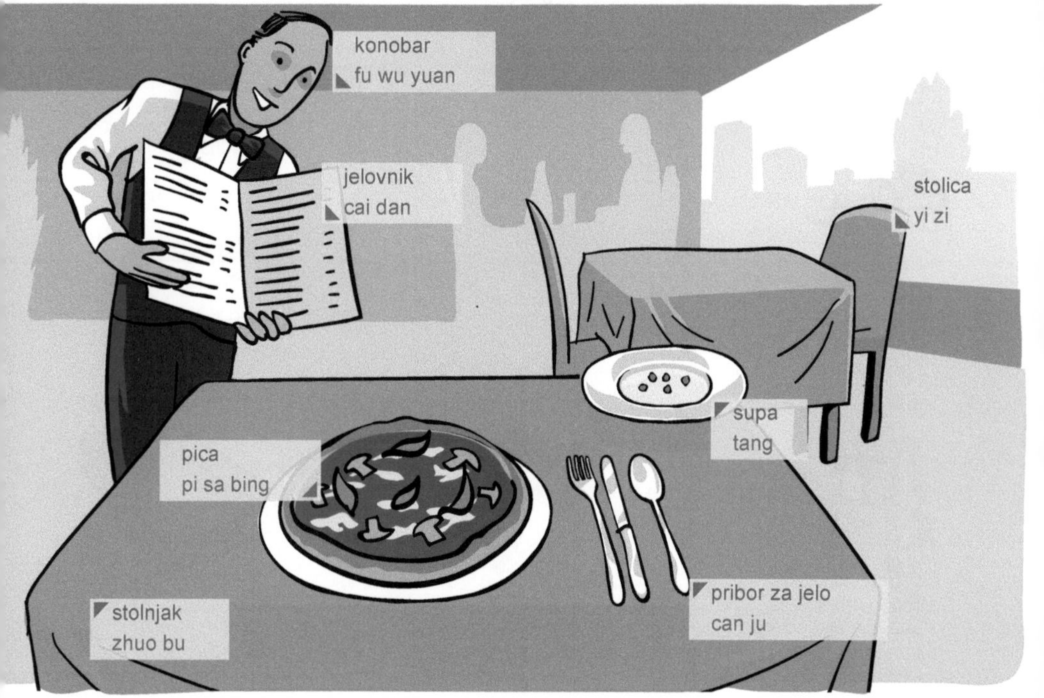

konobar
fu wu yuan
jelovnik
cai dan
stolica
yi zi
supa
tang
pica
pi sa bing
pribor za jelo
can ju
stolnjak
zhuo bu

predjelo

qian cai

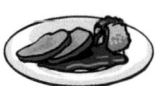

glavno jelo

zhu cai

desert

tian dian

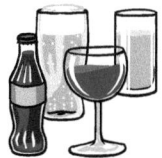

napitci

yin liao

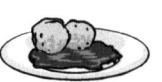

jelo

shi wu

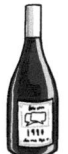

flaša

ping zi

brza hrana

kuai can

imbis hrana

jie bian xiao chi

čajnik

cha hu

doza za šećer

tang he

porcija

yi fen fan cai

aparat za espresso

yi shi ka fei ji

visoka stolica

gao jiao yi

račun

zhang dan

poslužavnik

tuo pan

nož

dao

viljuška

can cha

kašika

shao zi

čajna kašika

cha chi

salveta

can jin

čaša

bo li bei

tanjir
die zi

tanjir za supu
tang pan

tanjirić
die zi

sos
jiang

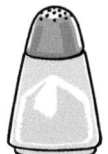

soljenka
yan ping

mlin za biber
hu jiao mo

sirće
cu

ulje
shi yong you

začini
tiao wei liao

kečap
fan qie jiang

senf
jie mo

majoneza
dan huang jiang

supermarket

chao shi

ponuda
te jia
kupac
gu ke
FOR
mlečni proizvodi
ru zhi pin
voće
shui guo
kolica za kupovinu
gou wu che

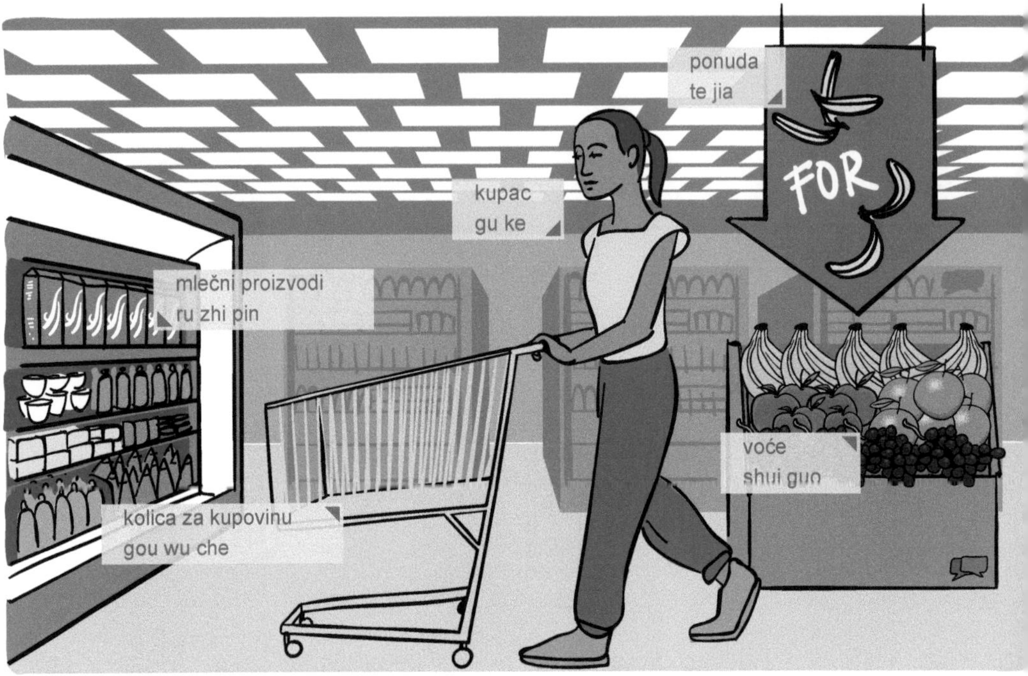

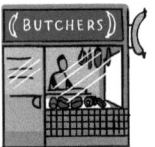

BUTCHERS

mesnica

rou pu

BAKERY

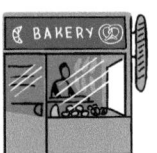

pekara

mian bao fang

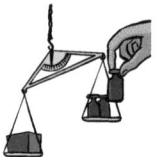

vagati

cheng zhong

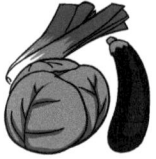

povrće

shu cai

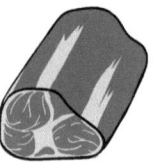

meso

rou

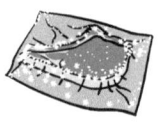

smrznuta hrana

leng dong shi pin

narezak

leng pan

konzerve

guan tou shi pin

sredstvo za pranje

xi yi fen

slatkiši

tian shi

artikli za domaćinstvo

ri yong pin

sredstva za čišćenje

qing jie yong pin

prodavačica

xiao shou yuan

blagajna

shou yin ji

blagajnik

shou yin yuan

lista za kupovinu

gou wu qing dan

vreme rada

kai fang shi jian

novčanik

qian bao

kreditna kartica

xin yong ka

torba

dai zi

plastična kesa

su liao dai

voda

shui

sok

guo zhi

mleko

niu nai

kola

ke le

vino

hong jiu

pivo

pi jiu

alkohol

jiu

kakao

ke ke

čaj

cha

kava

ka fei

espresso

yi shi nong suo ka fei

cappuccino

ka bu qi nuo

banana

xiang jiao

jabuka

ping guo

narandža

cheng zi

lubenica

xi gua

limun

ning meng

šargarepa

hu luo bo

beli luk

da suan

bambus

zhu zi

luk

yang cong

gljiva

mo gu

orašasti plodovi

jian guo

rezanci

mian tiao

špagete

yi da li mian tiao

riža

mi fan

salata

sha la

pomfrit

shu tiao

pečeni krumpir

zha tu dou

pica

pi sa bing

hamburger

han bao bao

sendvič

san ming zhi

šnicla

zha zhu pai

šunka

huo tui

salama

sa la mi

kobasica

xiang chang

kokoš

ji rou

pečenje

kao rou

riba

yu

zobene pahuljice
yan mai pian

musli
mu zi li

kukuruzne pahuljice
yu mi pian

brašno
mian fen

kroasan
yang jiao mian bao

pecivo
mian bao juan

hleb
mian bao

toast
kao mian bao

keksi
bing gan

maslac
huang you

sveži sir
ning ru

kolač
dan gao

jaje
dan

jaje na oko
jian dan

sir
nai lao

sladoled
....
bing ji lin

šećer
....
tang

med
....
feng mi

marmelada
....
guo jiang

nugat krema
....
qiao ke li jiang

kari
....
ga li fan

seosko gazdinstvo
nong chang

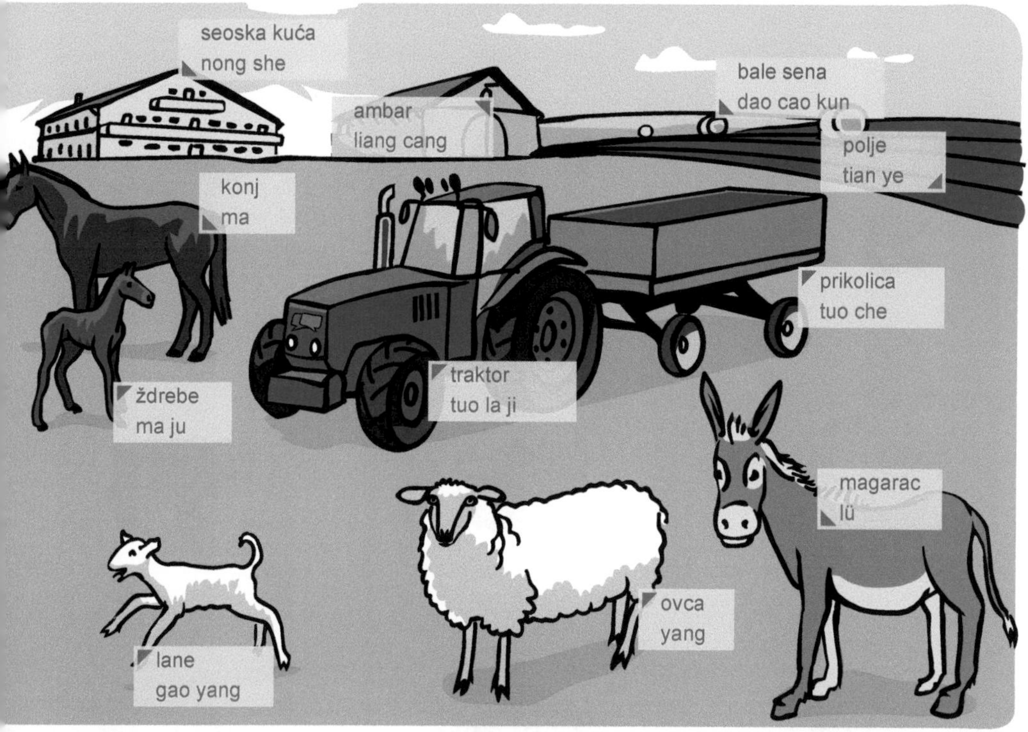
seoska kuća
nong she
ambar
liang cang
bale sena
dao cao kun
polje
tian ye
konj
ma
prikolica
tuo che
traktor
tuo la ji
ždrebe
ma ju
magarac
lü
ovca
yang
lane
gao yang

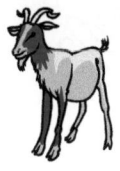

koza
shan yang

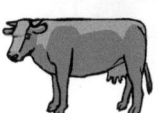

krava
nai niu

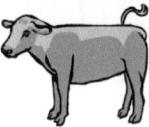

tele
niu du

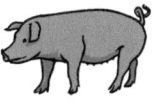

svinja
zhu

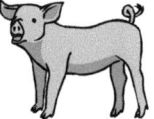

prase
xiao zhu

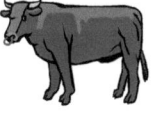

bik
gong niu

guska

e

patka

ya

pilići

xiao ji

kokoš

mu ji

petao

gong ji

pacov

shu

mačka

mao

miš

lao shu

vol

niu

pas

gou

kućica za psa

gou wu

vrtno crevo

hua yuan jiao shui ruan guan

kanta za polivanje

sa shui hu

kosa

chang bing da lian dao

plug

li

srp

lian dao

motika

chu tou

viljuška za đubrivo

chang bing cao pa

sekira

fu tou

tačke

du lun shou tui che

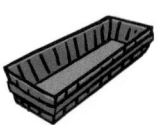

korito

si liao cao

posuda za mleko

niu nai guan

vreća

ma bu dai

ograda

zha lan

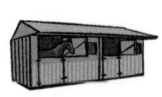

štala

ma jiu

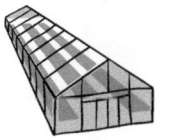

staklenik

wen shi

zemlja

tu rang

seme

zhong zi

đubrivo

fei liao

kombajn

lian he shou ge ji

žeti

shou ge

žetva

shou ge

jams začin

shan yao

pšenica

xiao mai

soja

da dou

krumpir

tu dou

kukuruz

yu mi

uljana repica

you cai zi

voćka

guo shu

gomolj manioke

shu shu

žitarice

gu wu

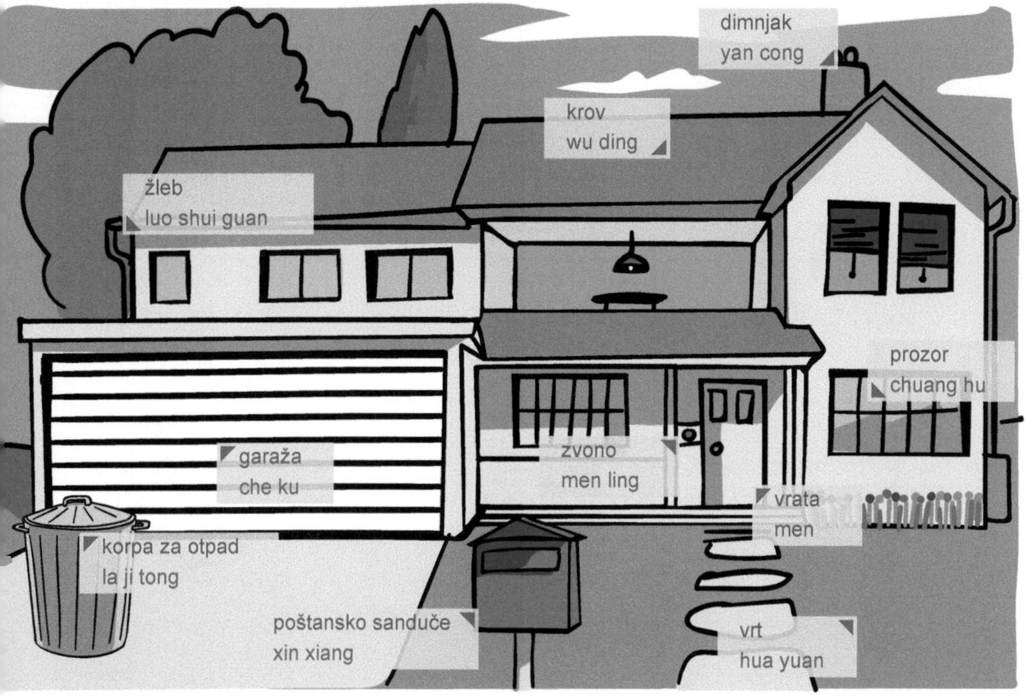

dimnjak
yan cong

krov
wu ding

žleb
luo shui guan

prozor
chuang hu

garaža
che ku

zvono
men ling

vrata
men

korpa za otpad
la ji tong

poštansko sanduče
xin xiang

vrt
hua yuan

dnevna soba

ke ting

kupaonica

yu shi

kuhinja

chu fang

spavaća soba

wo shi

dečija soba

er tong fang

trpezarija

can ting

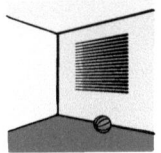

pod
....
di ban

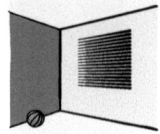

zid
....
qiang bi

strop
....
diao ding

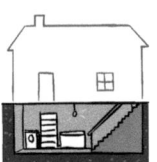

podrum
....
di jiao

sauna
....
sang na

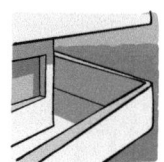

balkon
....
yang tai

terasa
....
lu tai

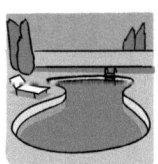

bazen
....
you yong chi

kosilica za travu
....
ge cao ji

posteljina za krevet
....
bei dan

deka za krevet
....
chuang zhao

krevet
....
chuang

metla
....
sao zhou

kanta
....
shui tong

prekidač
....
kai guan

dnevna soba

ke ting

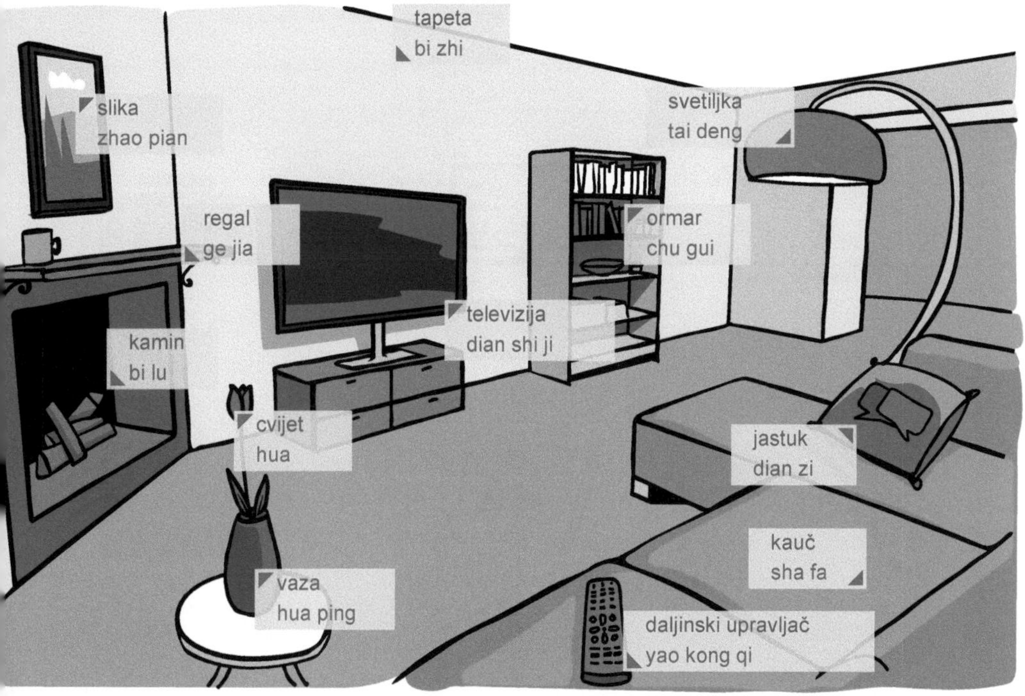

tapeta
bi zhi
slika
zhao pian
svetiljka
tai deng
regal
ge jia
ormar
chu gui
televizija
dian shi ji
kamin
bi lu
cvijet
hua
jastuk
dian zi
kauč
sha fa
vaza
hua ping
daljinski upravljač
yao kong qi

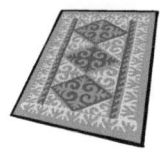

tepih

di tan

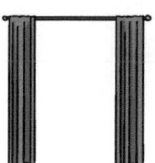

zavesa

chuang lian

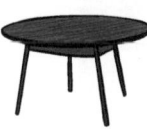

sto

can zhuo

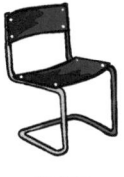

stolica

yi zi

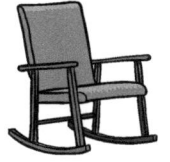

stolica za njihanje

yao yi

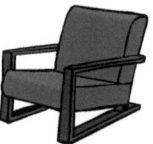

fotelja

fu shou yi

knjiga

shu

deka

tan zi

dekoracija

zhuang shi pin

drvo za ogrev

mu chai

film

dian ying

hi-fi uređaj

gao bao zhen yin xiang

ključ

yao shi

novine

bao zhi

slika na platnu

you hua

poster

hai bao

radio

shou yin ji

blok za pisanje

bi ji ben

usisivač

xi chen qi

kaktus

xian ren zhang

sveća

la zhu

kuhinja
chu fang

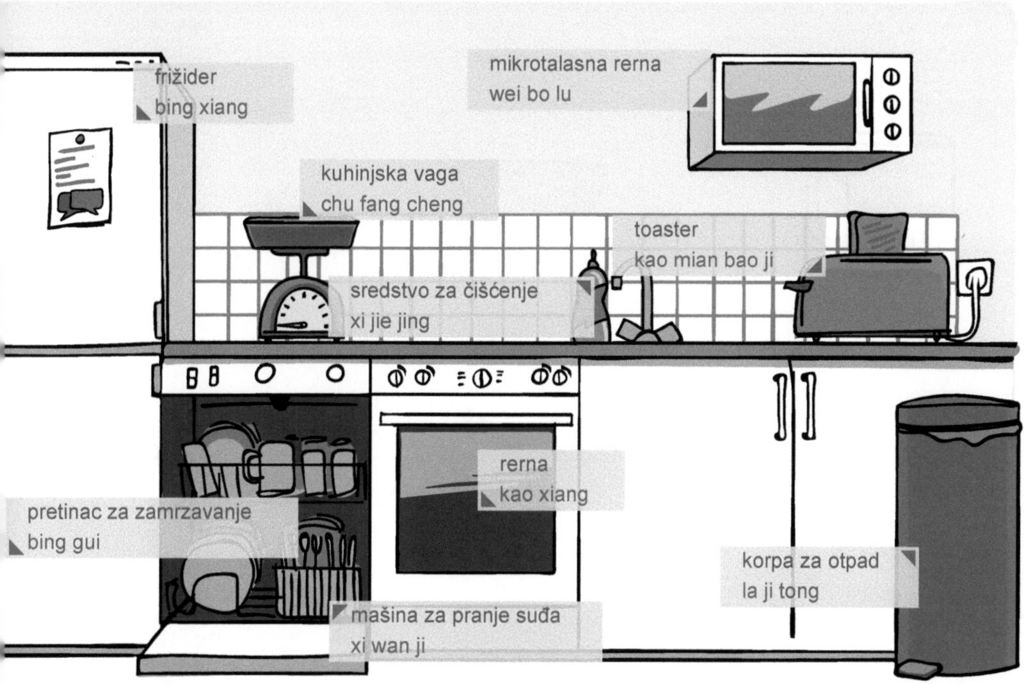
frižider
bing xiang
mikrotalasna rerna
wei bo lu
kuhinjska vaga
chu fang cheng
toaster
kao mian bao ji
sredstvo za čišćenje
xi jie jing
rerna
kao xiang
pretinac za zamrzavanje
bing gui
korpa za otpad
la ji tong
mašina za pranje suđa
xi wan ji

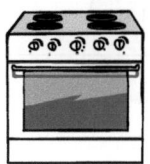

šporet
chui ju

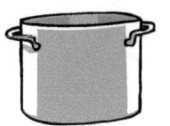

lonac
guo

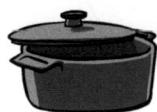

gvozdeni lonac
zhu tie guo

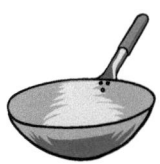

wok / kadai
sha guo

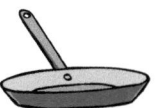

tava
ping di guo

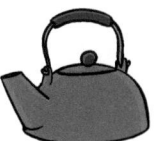

kuvalo za vodu
shui hu

kuvalo na paru

zheng guo

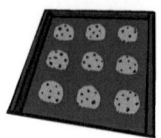

lim za pečenje

kao pan

posuđe

tao ci guo

čaša

ma ke bei

posuda

wan

štapići za jelo

kuai zi

kutlača

chang bing shao

lopatica

chan zi

penjača

jiao ban qi

sito za kuvanje

lü wang

sito

shai zi

ribež

mo sui ji

mužar

yan bo

roštilj

shao kao

ognjište

ming huo

daska

cai ban

oklagija

gan mian zhang

vadičep

kai ping qi

konzerva

guan zi

otvarač konzervi

kai ping qi

krpa za lonac

ge re shou tao

sudoper

shui cao

četka

shua zi

sunđer

hai mian

mikser

jiao ban ji

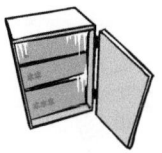

zamrzivač

leng cang xiang

flašica za bebe

nai ping

slavina za vodu

shui long tou

kupaonica

yu shi

tuš
lin yu
grejanje
gong nuan she bei
peškir
mao jin
zavesa za tuš
yu lian
penušava kupka
pao mo yu
kada
yu gang
čaša
bo li bei
mašina za pranje veša
xi yi ji
slavina za vodu
shui long tou
pločice
ci zhuan
tuta
bian hu
sudoper
shui cao

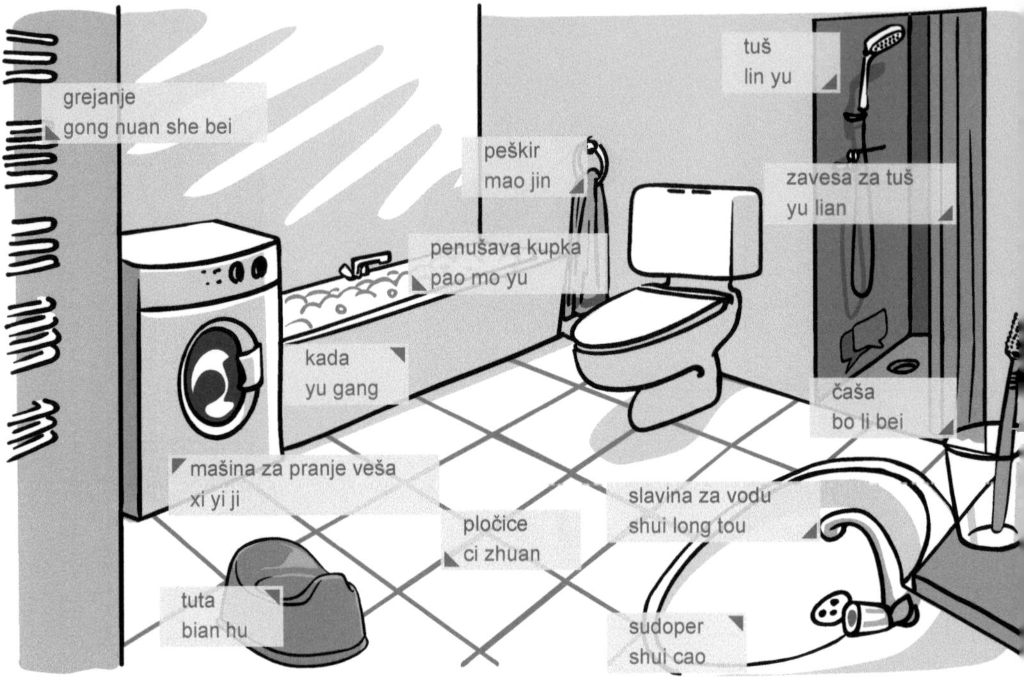

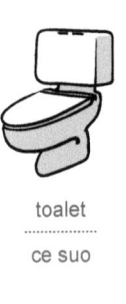

toalet

ce suo

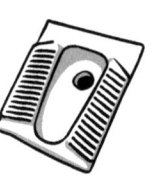

čučavac

dun bian qi

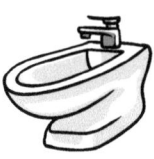

bidet

zuo yu qi

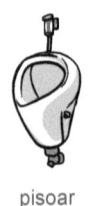

pisoar

xiao bian chi

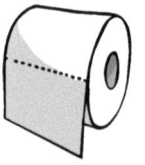

toaletni papir

ce zhi

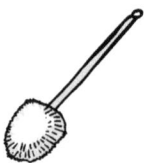

četka za toalet

ma tong shua

četkica za zube

ya shua

pasta za zube

ya gao

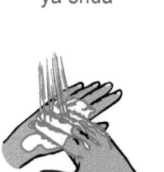

konac za zube

ya xian

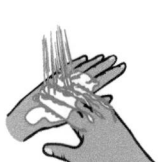

prati

xi

tuš ručica

shou chi shi pen lin tou

tuš za pranje intimnih dijelova

chong xi qi

lavor

xi lian pen

četka za pranje leđa

ca bei shua

sapun

fei zao

gel za tuširanje

mu yu lu

šampon

xi fa shui

krpa za pranje

fa lan rong

odvod

pai shui

krema

ru shuang

dezodorans

chu chou ji

ogledalo

jing zi

kozmetičko ogledalo

shou jing

brijač

ti xu dao

pena za brijanje

ti xu pao mo

losion za posle brijanja

xu hou shui

češalj

shu zi

četka

shua zi

fen za kosu

chui feng ji

sprej za kosu

pen fa ding xing ji

makeup

hua zhuang pin

ruž za usne

chun gao

lak za nokte

zhi jia you

vata

hua zhuang mian

makaze za nokte

zhi jia jian

parfem

xiang shui

kozmetička torbica

xi shu bao

stolica

deng zi

vaga

ji zhong cheng

ogrtač

yu pao

rukavice za čišćenje

xiang jiao shou tao

tampon

wei sheng mian tiao

uložak

wei sheng jin

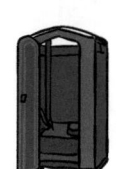

hemijski toalet

hua xue ce suo

dečija soba
er tong fang

budilnik
nao zhong
plišana igračka
mao rong wan ju
auto igračka
wan ju che
zvečka
bo lang gu
kućica za lutke
wan ju wu
poklon
li wu

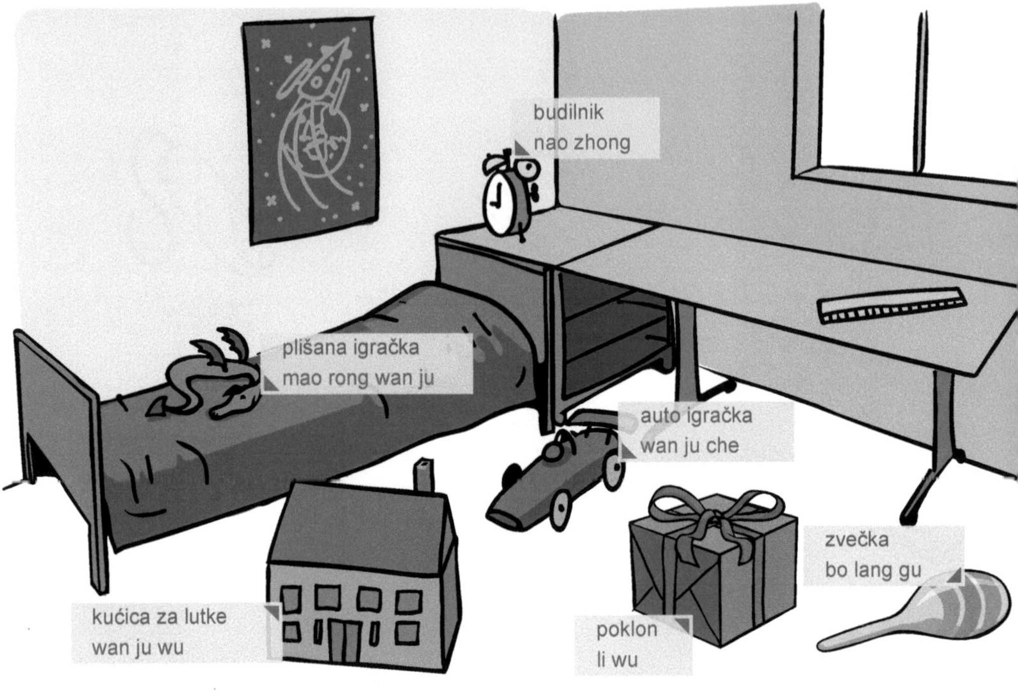

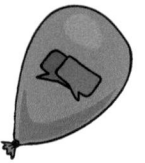

balon

qi qiu

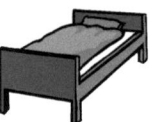

krevet

chuang

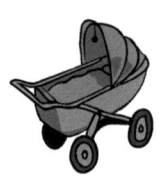

dječija kolica

(yang wa wa yong)ying er che

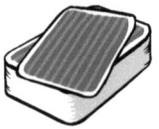

igra s kartama

pu ke pai

slagalica

pin tu

SUPER MEGA

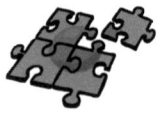

strip

man hua

lego kockice

le gao ji mu

kockice za slaganje

ji mu wan ju

akcioni junak

wan ju ren

benkica za bebe

ying er fu

frizbi

fei pan

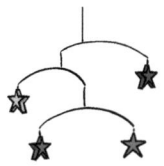

viseće igračke

chuang ling wan ju

društvene igre

qi pan you xi

kocka

shai zi

minijaturna željeznica

huo che mo xing

duda

an fu nai zui

zabava

ju hui

slikovnica

hui ben

lopta

qiu

lutka

yang wa wa

igrati

wan

pješčanik

sha keng

ljuljačka

qiu qian

igračka

wan ju

konzola za igre

you xi ji

tricikl

san lun che

tedi

tai di xiong

ormar

yi chu

odeća
yi fu

kratke čarape

wa zi

čarape

chang wa

hulahopke

jin shen ku

šal
wei jin

kišobran
yu san

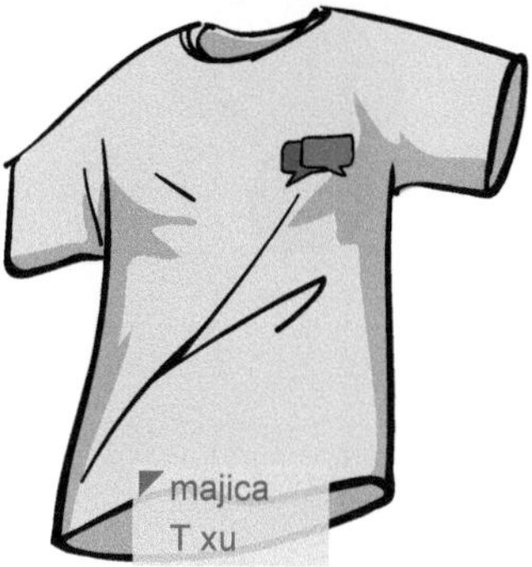

kaiš
pi dai

majica
T xu

čizme
xue zi

papuče
tuo xie

patike
yun dong xie

sandale

liang xie

cipele

xie

gumene čizme

yu xue

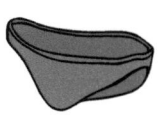

gaćice

nei ku

grudnjak

xiong zhao

potkošulja

bei xin

bodi

shen ti

pantalone

ku zi

farmerke

niu zai ku

suknja

duan qun

bluza

nü shi chen shan

košulja

chen shan

džemper

tao tou shan

džemper s kapuljačom

wei yi

sako

xi zhuang jia ke

jakna

jia ke

kaput

wai tao

kabanica

yu yi

kostim

tao zhuang

haljina

lian yi qun

venčanica

hun sha

odelo
xi zhuang

spavaćica
shui pao

pidžama
shui yi

sari
sha li

marama za glavu
tou jin

turban
bao tou jin

burka
bo ka

kaftan
ka fu tan

abaja
(a la bo shi)chang pao

kupaći kostim
yong yi

kupaće gaćice
nan shi yong ku

kratke pantalone
duan ku

odeća za trening
yun dong fu

kecelja
wei qun

rukavice
shou tao

dugme

niu kou

naočare

yan jing

narukvica

shou lian

ogrlica

xiang lian

prsten

jie zhi

naušnica

er huan

kapa

bian mao

vešalica

yi jia

šešir

mao zi

kravata

ling dai

patent zatvarač

la lian

kaciga

tou kui

naramenice

bei dai

školska uniforma

xiao fu

uniforma

zhi fu

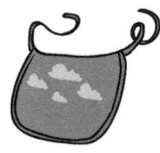

podbradak

wei dou

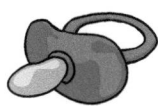

duda

an fu nai zui

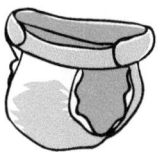

pelena

niao bu shi

kancelarija
ban gong shi

server
fu wu qi
ormar za spise
wen jian gui
štampač
da yin ji
papir
zhi
monitor
xian shi ping
miš
shu biao
pisaći stol
ban gong zhuo
mapa
wen jian jia
tastatura
jian pan
košara za papir
fei zhi kuang
kompjuter
dian nao
stolica
yi zi

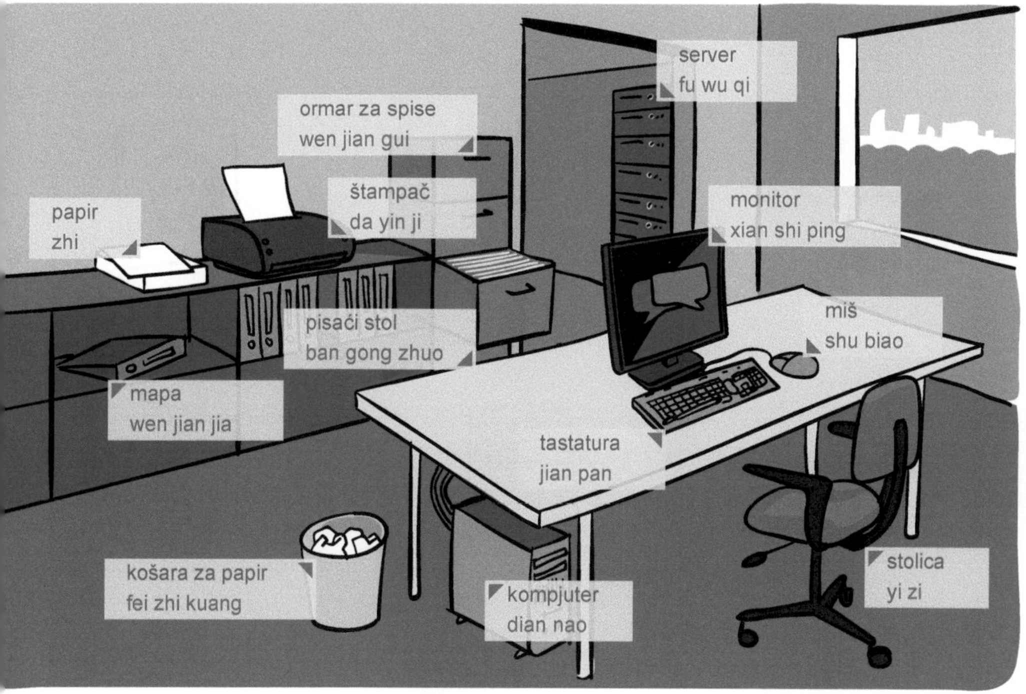

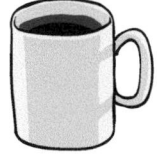

šalica za kavu

ka fei bei

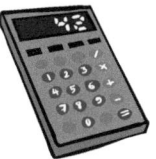

kalkulator

ji suan qi

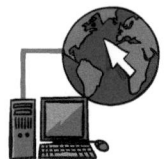

internet

yin te wang

laptop

bi ji ben dian nao

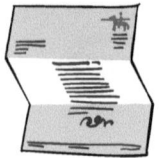

pismo

xin jian

poruka

xiao xi

mobilni telefon

shou ji

mreža

wang luo

uređaj za kopiranje

fu yin ji

softver

ruan jian

telefon

dian hua

utičnica

cha zuo

faks

chuan zhen ji

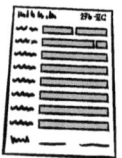

formular

biao ge

dokument

wen jian

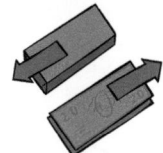

kupovati

mai

platiti

fu qian

trgovati

jiao yi

novac

xian jin

dolar

mei yuan

evro

ou yuan

jen

ri yuan

rublja

lu bu

švajcarski franak

rui shi fa lang

renmindbi juan

ren min bi

rupija

lu bi

automat za novac

ti kuan chu

menjačnica

wai bi dui huan chu

zlato

jin

srebro

yin

nafta

shi you

energija

neng yuan

cena

jia ge

ugovor

he tong

porez

shui jin

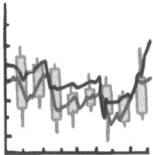

deonica

gu piao

raditi

gong zuo

službenik

zhi yuan

poslodavac

lao ban

fabrika

gong chang

prodavnica

shang dian

policajac
jing guan

vatrogasac
xiao fang yuan

kuvar
chu shi

lekar
yi sheng

pilot
fei xing yuan

vrtlar
yuan ding

stolar
mu jiang

krojačica
cai feng

sudija
fa guan

hemičar
hua xue jia

glumac
yan yuan

vozač autobusa

gong jiao che si ji

vozač taksija

chu zu che si ji

ribar

yu fu

čistačica

qing jie nü gong

krovopokrivač

wu ding gong

konobar

fu wu yuan

lovac

lie ren

slikar

hua jia

pekar

mian bao shi

električar

dian gong

građevinski radnik

jian zhu gong ren

inženjer

gong cheng shi

mesar

tu fu

limar

shui guan gong

poštar

you di yuan

vojnik

shi bing

arhitekta

jian zhu shi

blagajnik

shou yin yuan

cvećar

hua nong

frizer

li fa shi

kondukter

shou piao yuan

mehaničar

ji xie shi

kapetan

chuan zhang

zubar

ya yi

naučnik

ke xue jia

rabi

la bi

imam

yi ma mu

monah

he shang

svećenik

mu shi

alati
gong ju

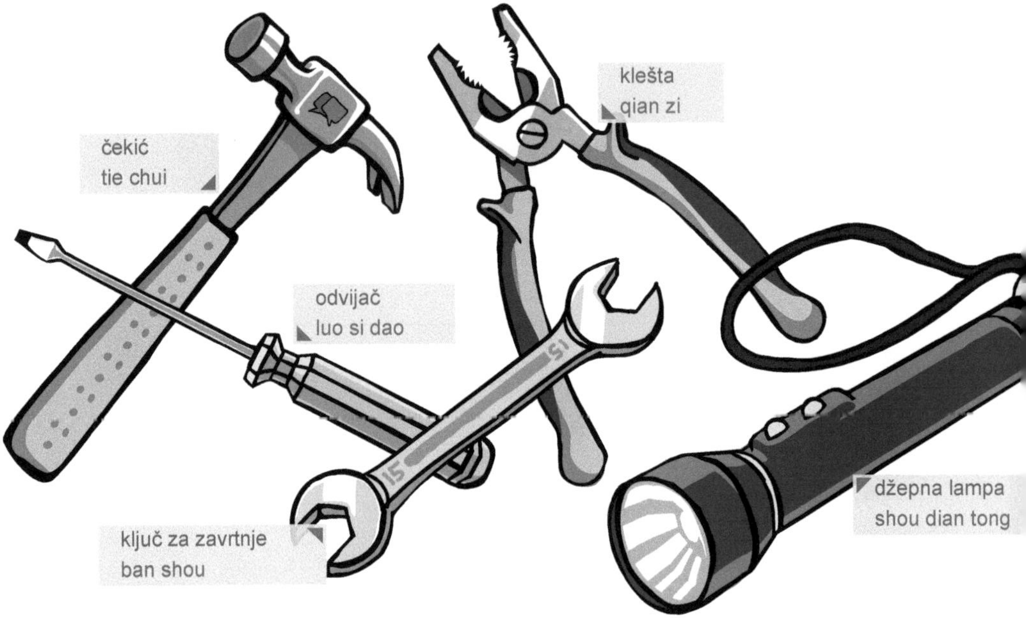
klešta
qian zi
čekić
tie chui
odvijač
luo si dao
džepna lampa
shou dian tong
ključ za zavrtnje
ban shou

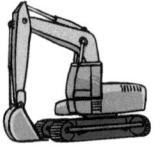

bager

wa jue ji

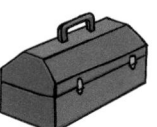

kutija za alat

gong ju xiang

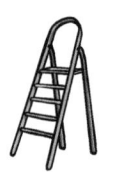

merdevine

ti zi

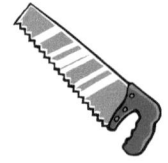

pila

ju zi

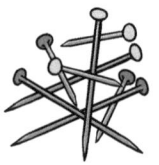

ekser

ding zi

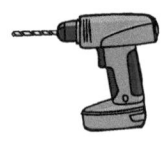

bušilica

zuan ji

popraviti
xiu

lopata
chan zi

do đavola!
kao!

lopatica
bo ji

lonac za boju
you qi tong

zavrtanji
luo si

muzički instrument
yue qi

zvučnik
yang sheng qi

bubnjevi
da ji yue qi

gitara
ji ta

kontrabas
di yin ti qin

truba
xiao hao

klavir

gang qin

violina

xiao ti qin

bas

bei si

timpani

ding yin gu

udaraljke za bubnjeve

gu

tipke klavira

dian zi qin

saksofon

sa ke si guan

flauta

chang di

mikrofon

mai ke feng

zoološki vrt
dong wu yuan

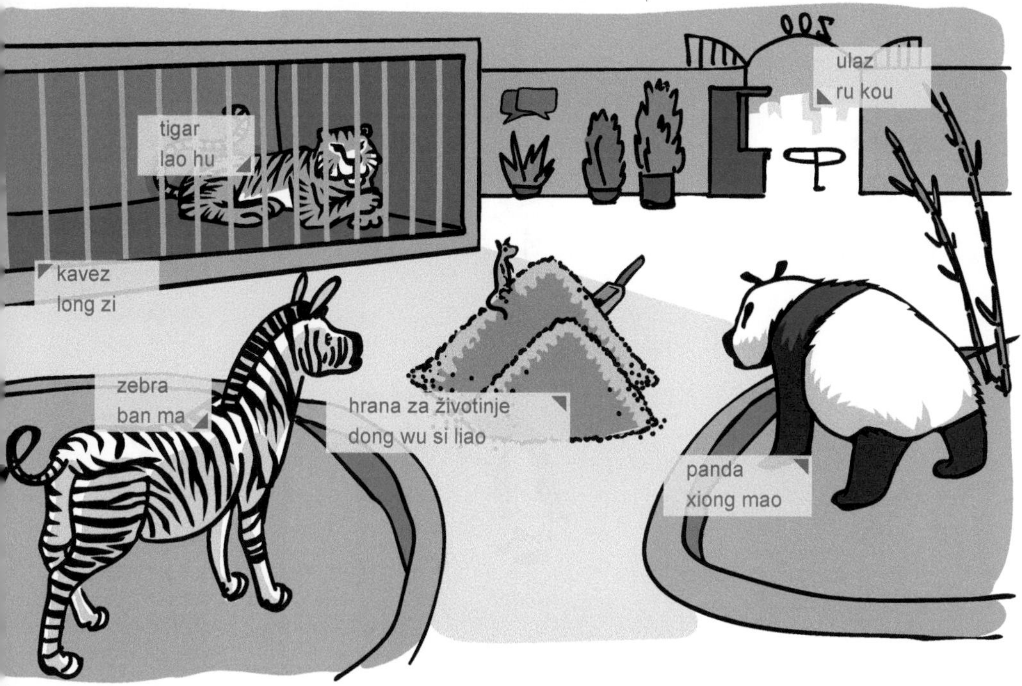
ulaz
ru kou
tigar
lao hu
kavez
long zi
zebra
ban ma
hrana za životinje
dong wu si liao
panda
xiong mao

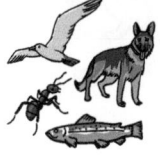

životinje

dong wu

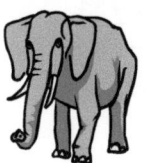

slon

da xiang

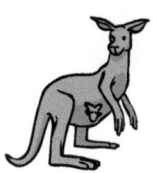

kengur

dai shu

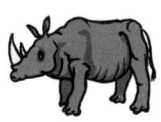

nosorog

xi niu

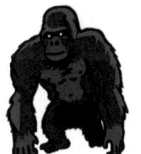

gorila

da xing xing

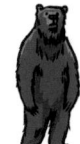

medved

xiong

kamila

luo tuo

noj

tuo niao

lav

shi zi

majmun

hou zi

flamingo

huo lie niao

papagaj

ying wu

polarni medved

bei ji xiong

pingvin

qi e

ajkula

sha yu

paun

kong que

zmija

she

krokodil

e yu

čuvar u zoološkom vrtu

dong wu yuan guan li yuan

tuljan

hai bao

jaguar

mei zhou bao

poni

ai zhong ma

leopard

bao

nilski konj

he ma

žirafa

chang jing lu

orao

lao ying

divlja svinja

ye zhu

riba

yu

kornjača

gui

morž

hai xiang

lisica

hu li

gazela

ling yang

američki nogomet
gan lan qiu

biciklizam
qi zi xing che

tenis
wang qiu

košarka
lan qiu

plivanje
you yong

boks
quan ji

hokej na ledu
bing qiu

fudbal

ying shi zu qiu

badminton

yu mao qiu

atletika

tian jing

rukomet

shou qiu

skijanje

hua xue

polo

ma qiu

aktivnosti
huo dong

smejati se
xiao
skočiti
tiao
zagrliti
yong bao
ići
zou lu
pevati
chang
sanjati
zuo meng
moliti se
qi dao
poljubiti
qin wen

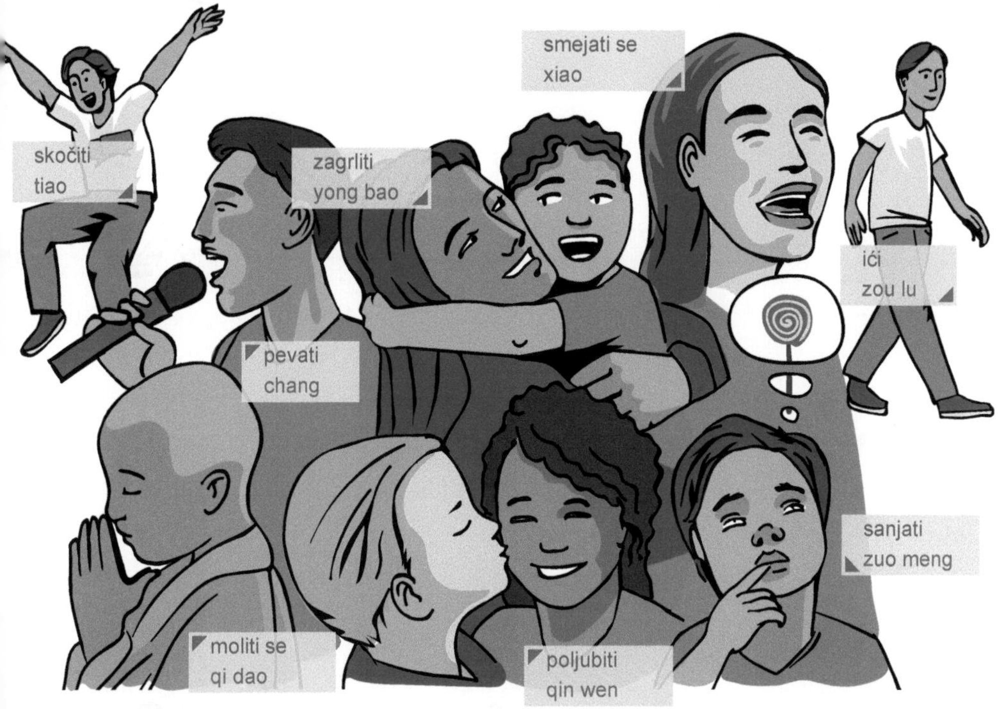

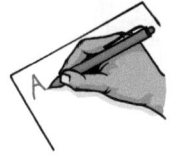

pisati

shu xie

crtati

hua

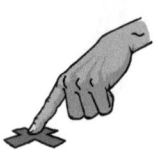

pokazati

zhan shi

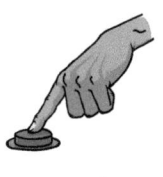

gurati

tui

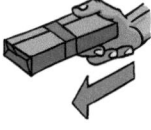

dati

gei

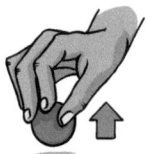

uzeti

na

imati
you

činiti
zuo

biti
dang

stojati
zhan

trčati
pao

povlačiti
la

baciti
reng

padati
shuai dao

ležati
tang

čekati
deng dai

nositi
xie dai

sediti
zuo

oblačiti
chuan yi

spavati
shui jiao

probuditi se
xing lai

gledati

kan

plakati

ku

milovati

fu mo

češljati

shu tou

govoriti

jiao tan

razumeti

ming bai

pitati

wen

slušati

ting

piti

he

jesti

chi

pospremiti

qing li

voleti

ai

kuhati

zuo fan

voziti

kai che

leteti

fei

ploviti

hang xing

računati

ji suan

čitati

du

učiti

xue xi

raditi

gong zuo

venčati se

jie hun

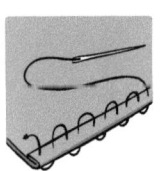

šiti

feng

prati zube

shua ya

ubiti

sha

pušiti

chou yan

poslati

ji

baka
zu mu

deda
zu fu

otac
fu qin

majka
mu qin

beba
ying tong

kćerka
nü er

sin
er zi

gost

ke ren

tetka

a yi

ujak, stric

shu shu

brat

xiong di

sestra

jie mei

telo

shen ti

čelo
qian e
oko
yan jing
rame
jian bang
prst
shou zhi
lice
lian
brada
xia ba
ruka
shou
noga
tui
grudi
ru fang
ruka
shou bi

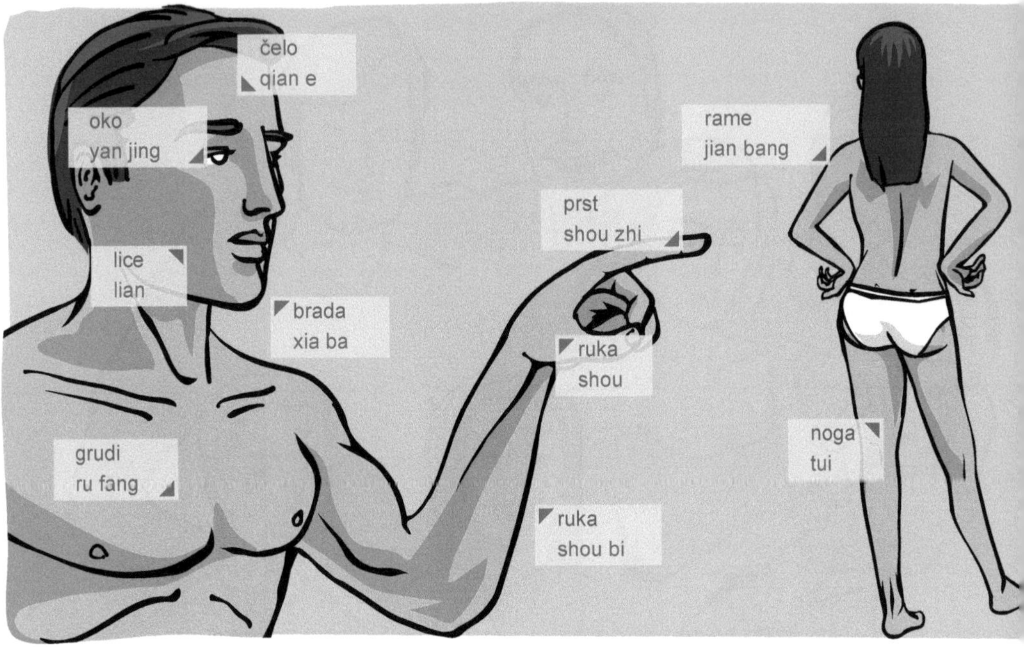

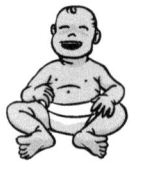

beba
ying tong

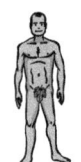

muškarac
nan ren

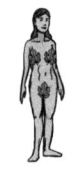

žena
nü ren

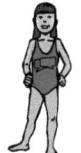

devojčica
nü hai

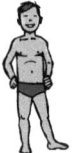

dečak
nan hai

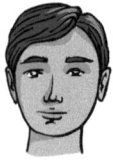

glava
tou

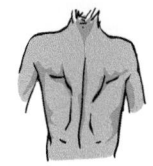

leđa
bei bu

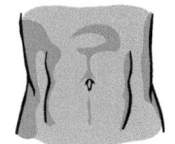

stomak
du zi

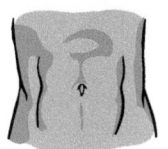

pupak
du qi

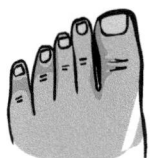

nožni prst
jiao zhi

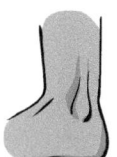

peta
jiao hou gen

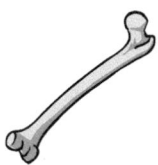

kost
gu tou

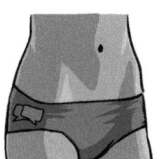

kukovi
tun bu

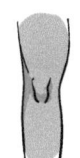

koleno
xi gai

lakat
shou zhou

nos
bi zi

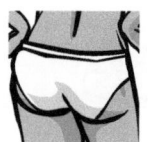

zadnjica
pi gu

koža
pi fu

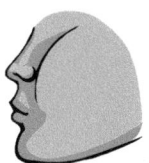

obraz
lian jia

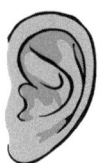

uvo
er duo

usna
zui chun

usta

zui

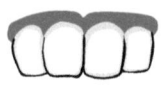

zub

ya chi

jezik

she tou

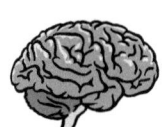

mozak

nao

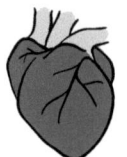

srce

xin zang

mišić

ji rou

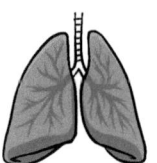

pluća

fei

jetra

gan zang

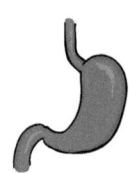

želudac

wei

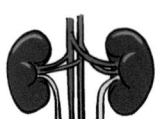

bubrezi

shen zang

polni odnos

xing jiao

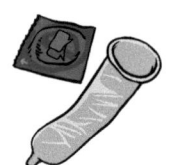

kondom

bi yun tao

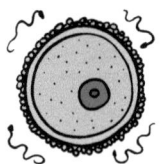

jajna ćelija

luan zi

sperma

jing zi

trudnoća

huai yun

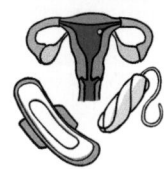

menstruacija

yue jing

vagina

yin dao

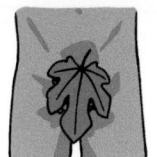

penis

yin jing

obrva

mei mao

kosa

tou fa

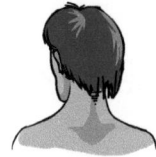

vrat

bo zi

bolnica
yi yuan

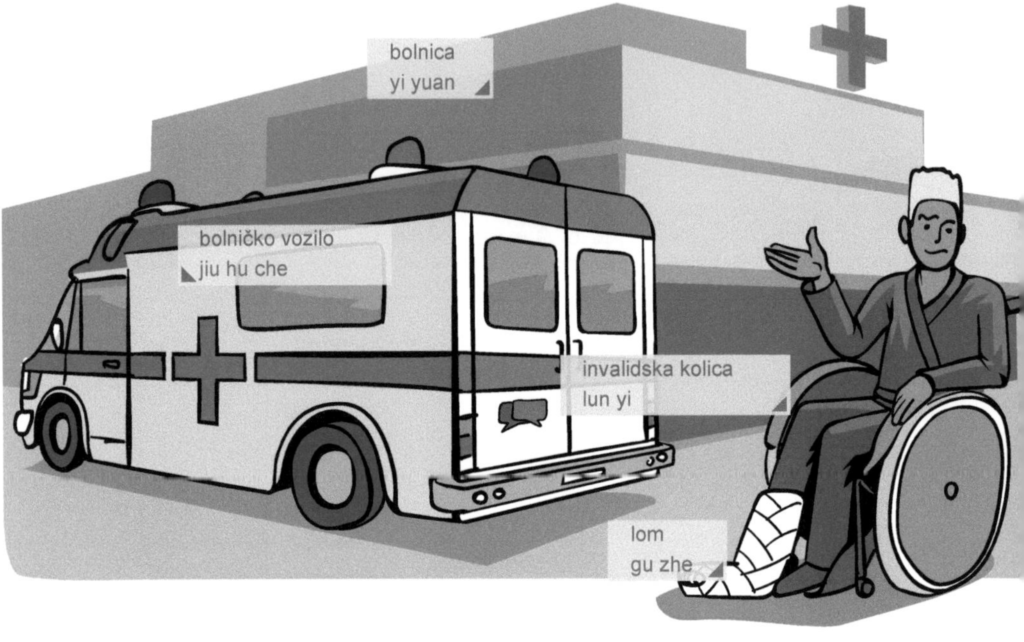

bolnica
yi yuan
bolničko vozilo
jiu hu che
invalidska kolica
lun yi
lom
gu zhe

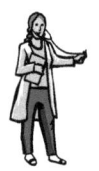

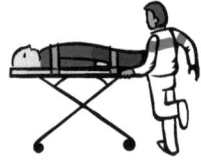

lekar

yi sheng

hitna medicinska služba

ji zhen shi

medicinska sestra

hu shi

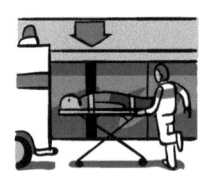

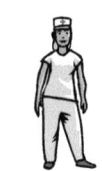

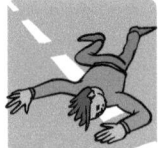

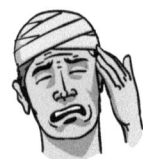

hitni slučaj

jin ji qing kuang

nesvest

hun mi

bol

tong

povreda

shou shang

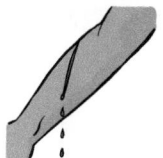

krvarenje

chu xue

srčani udar

xin zang bing fa zuo

udar

zhong feng

alergija

guo min

kašalj

ke sou

groznica

fa shao

gripa

liu gan

proliv

fu xie

glavobolja

tou tong

rak

ai zheng

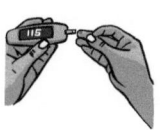

dijabetes

tang niao bing

hirurg

wai ke yi sheng

skalpel

shou shu dao

operacija

shou shu

ct
CT

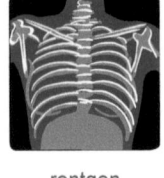

rentgen
X guang

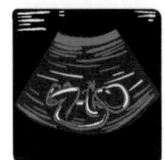

ultrazvuk
chao sheng bo

maska
kou zhao

bolest
ji bing

čekaona
hou zhen shi

štaka
guai zhang

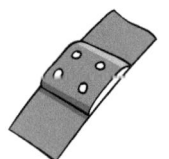

flaster
shi gao

zavoj
beng dai

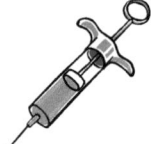

injekcija
zhu she

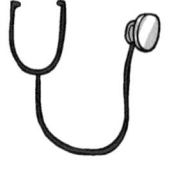

stetoskop
ting zhen qi

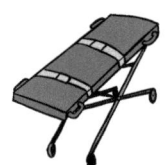

nosila
dan jia

termometar
ti wen ji

rođenje
chu sheng

prekomerna težina
chao zhong

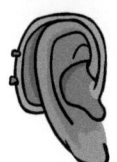

slušni aparat

zhu ting qi

sredstvo za dezinfekciju

xiao du ye

infekcija

gan ran

virus

bing du

HIV / AIDS

ai zi bing

medicina

yao wu

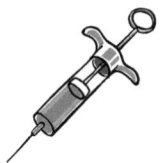

vakcinacija

jie zhong yi miao

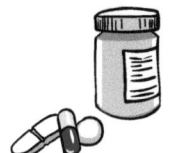

tablete

yao pian

pilula

yao wan

hitni poziv

ji jiu dian hua

uređaj za merenje pritiska

xue ya ji

bolesno / zdravo

sheng bing/jian kang

pomoć!

jiu ming!

alarm

jing bao

nasrtaj

tu ji

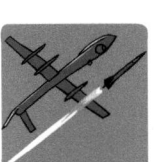

napad

gong ji

opasnost

wei xian

izlaz u slučaju nužde

jin ji chu kou

požar!

zhao huo la!

protivpožarni aparat

mie huo qi

nezgoda

yi wai

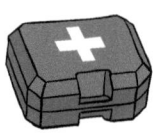

kutija prve pomoći

ji jiu xiang

sos

hu jiu xin hao

policija

jing cha

Evropa

ou zhou

Severna Amerika

bei mei zhou

Južna Amerika

nan mei zhou

Afrika

fei zhou

Azija

ya zhou

Australija

ao zhou

Atlantik

da xi yang

Pacifik

tai ping yang

Indijski okean

yin du yang

Antarktički okean

nan bing yang

Arktički ocean

bei bing yang

Severni pol

bei ji

Južni pol
....
nan ji

Antarktik
....
nan ji zhou

zemlja
....
di qiu

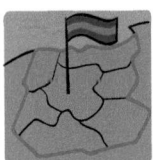

zemlja
....
lu di

more
....
hai

otok
....
dao

nacija
....
guo jia

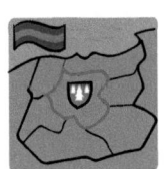

država
....
guo jia

brojčanik sata

zhong mian

satna kazaljka

shi zhen

minutna kazaljka

fen zhen

sekundna kazaljka

miao zhen

Koliko je sati?

xian zai ji dian?

dan

tian

vreme

shi jian

sada

xian zai

digitalni sat

dian zi biao

minuta

fen

čas

shi

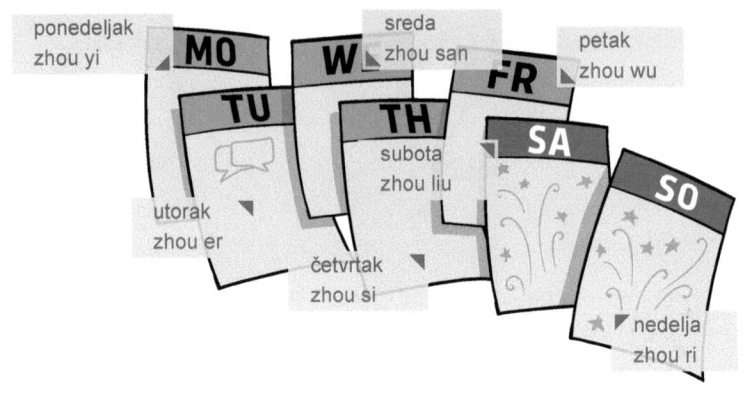

ponedeljak
zhou yi

sreda
zhou san

petak
zhou wu

utorak
zhou er

subota
zhou liu

četvrtak
zhou si

nedelja
zhou ri

juče
zuo tian

danas
jin tian

sutra
ming tian

jutro
zao chen

podne
zhong wu

veče
wan shang

MO	TU	WE	TH	FR	SA	SU
1	2	3	4	5	6	7
8	9	10	11	12	13	14
15	16	17	18	19	20	21
22	23	24	25	26	27	28
29	30	31	1	2	3	4

radni dani
gong zuo ri

MO	TU	WE	TH	FR	SA	SU
1	2	3	4	5	6	7
8	9	10	11	12	13	14
15	16	17	18	19	20	21
22	23	24	25	26	27	28
29	30	31	1	2	3	4

vikend
zhou mo

godina
nian

kiša
yu
duga
cai hong
vetar
feng
sneg
xue
proleće
chun
leto
xia
jesen
qiu
zima
dong

4.APRIL 11°
5.APRIL 4°
6.APRIL 13°
7.APRIL 8°
8.APRIL 10°

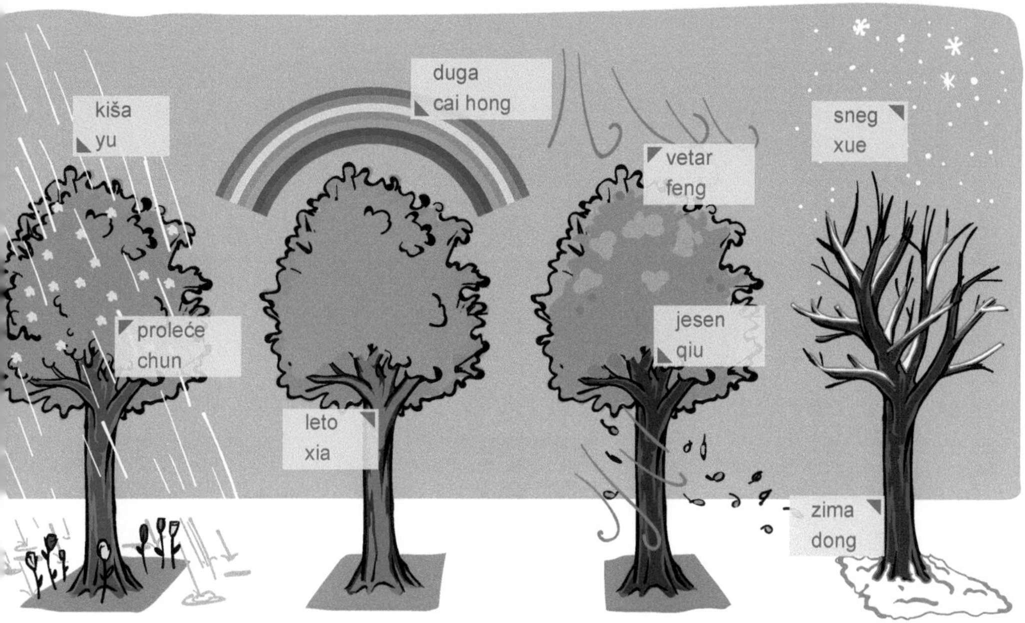

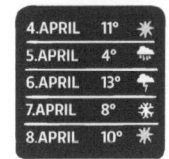

meteorološka prognoza

tian qi yu bao

F C
120 90 60 30 0 -30
40 30 20 10 0 -10 -20

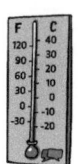

termometar

wen du ji

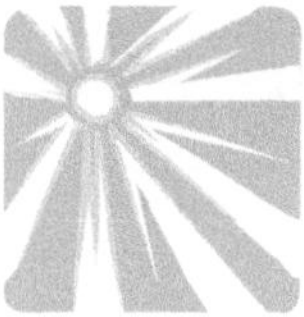

sunčana svetlost

yang guang

oblak

yun

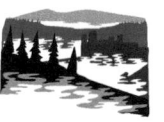

magla

wu

vlažnost vazduha

chao shi

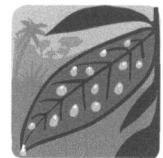

munja

shan dian

grmljavina

da lei

oluja

feng bao

tuča

bing bao

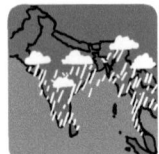

monsun

ji feng

poplava

hong shui

led

bing

januar

yi yue

februar

er yue

mart

san yue

april

si yue

maj

wu yue

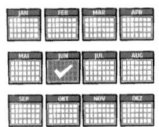

juni

liu yue

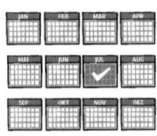

juli

qi yue

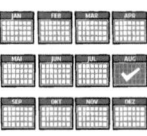

avgust

ba yue

septembar
....
jiu yue

oktobar
....
shi yue

novembar
....
shi yi yue

decembar
....
shi er yue

oblici

xing zhuang

krug
....
yuan xing

kvadrat
....
zheng fang xing

pravougao
....
chang fang xing

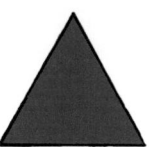

trougao
....
san jiao xing

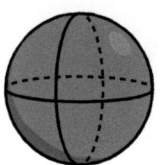

kugla
....
qiu ti

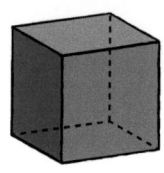

kocka
....
li fang ti

bela

bai

žuta

huang

narandžasta

cheng

ružičasta

fen

crvena

hong

ljubičasta

zi

plava

lan

zelena

lü

smeđa

zong

siva

hui

crna

hei

mnogo / malo

hen duo/shao xu

ljutito / mirno

sheng qi/ping jing

lepo / ružno

mei/chou

početak / kraj

shou/wei

veliko / maleno

da/xiao

svetlo / tamno

ming/an

brat / sestra

xiong di/jie mei

čisto / prljavo

gan jing/ang zang

potpuno / nepotpuno

wan zheng/que shi

dan / noć

bai tian/wan shang

mrtvo / živo

si/sheng

široko / usko

kuan/zhai

jestivo / nejestivo

ke shi yong/fei shi yong

zlo / dobro

xie e/shan liang

uzbuđeno / dosadno

xing fen/wu liao

debelo / mršavo

pang/shou

na početku / na kraju

di yi/zui hou

prijatelj / neprijatelj

peng you/di ren

puno / prazno

man/kong

tvrdo / mekano

ying/ruan

teško / lagano

zhong/qing

glad / žeđ

e/ke

bolesno / zdravo

sheng bing/jian kang

ilegalno / legalno

fei fa/he fa

pametno / glupo

cong ming/yu ben

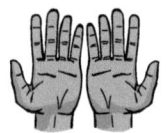

levo / desno

zuo/you

blizu / daleko

jin/yuan

novo / polovno
....
xin/jiu

ništa / nešto
....
mei you/you xie

staro / mlado
....
lao/you

uključeno / isključeno
....
kai/guan

otvoreno / zatvoreno
....
da kai/he shang

tiho / glasno
....
an jing/chao nao

bogato / siromašno
....
fu/qiong

tačno / pogrešno
....
dui/cuo

hrapavo / glatko
....
cu cao/guang hua

tužno / sretno
....
shang xin/gao xing

kratko / dugo
....
duan/chang

polako / brzo
....
man/kuai

mokro / suho
....
shi/gan

toplo / hladno
....
wen nuan/liang shuang

rat / mir
....
zhan zheng/he ping

0

nula

ling

1

jedan

yi

2

dva

er

3

tri

san

4

četiri

si

5

pet

wu

6

šest

liu

7

sedam

qi

8

osam

ba

9

devet

jiu

10

deset

shi

11

jedanaest

shi yi

12

dvanaest

shi er

13

trinaest

shi san

14

četrnaest

shi si

15

petnaest

shi wu

16

šestnaest

shi liu

17

sedamnaest

shi qi

18

osamnaest

shi ba

19

devetnaest

shi jiu

20

dvadeset

er shi

100

stotinu

bai

1.000

hiljadu

qian

1.000.000

milion

bai wan

engleski

ying yu

američki engleski

mei shi ying yu

mandarinski kineski

pu tong hua

hindski

yin di yu

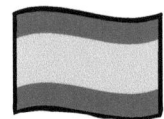

španski

xi ban ya yu

francuski

fa yu

arapski

a la bo yu

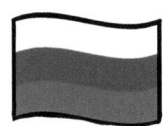

ruski

e yu

portugalski

pu tao ya yu

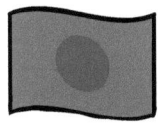

bengalski

feng jia la yu

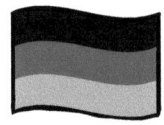

nemački

de yu

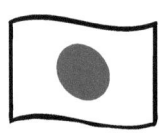

japanski

ri yu

ja

wo

ti

ni

on / ona / ono

ta/ta/ta

mi

wo men

vi

ni men

oni

ta men

Ko?

shei?

Šta?

shen me?

Kako?

zen yang?

Gde?

na li?

Kada?

shen me shi hou?

ime

ming zi

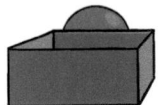

iza

hou mian

u

li mian

ispred

qian mian

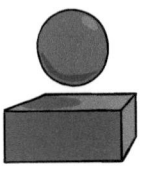

preko

shang fang

na

shang mian

ispod

xia mian

pored

pang bian

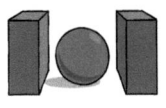

između

zhong jian

mesto

di dian